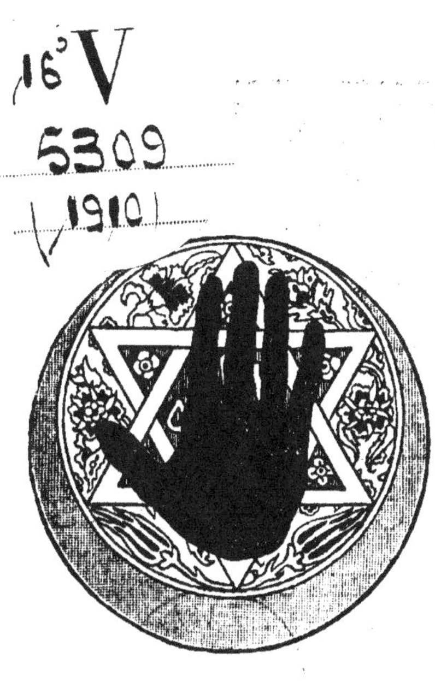

19ᵉ Exposition
1910

Les Peintres Orientalistes Français

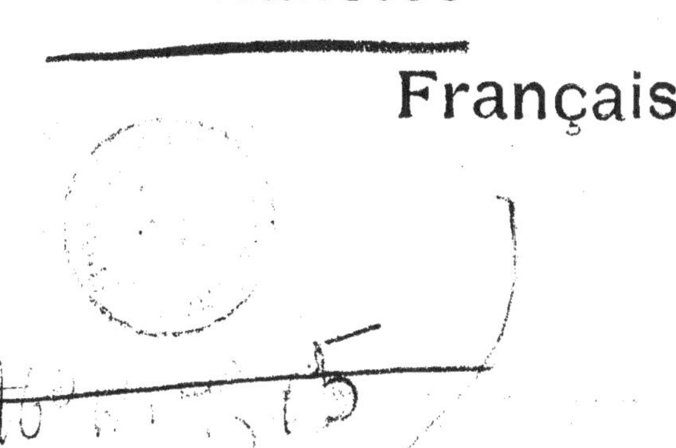

SOCIÉTÉ

DES

PEINTRES ORIENTALISTES FRANÇAIS

19e Exposition. - GRAND PALAIS

Avenue d'Antin

Du 13 au 28 Février 1910

PRÉSIDENTS D'HONNEUR :

M. Georges LEYGUES
DÉPUTÉ
Ancien Ministre.

M. Paul DOUMER
Député — Ancien Président de la Chambre des Députés. Ancien Gouverneur général de l'Indo-Chine.

COMITÉ DE PATRONAGE :

MEMBRES D'HONNEUR

Comte ALLARD DU CHOLLET.
Gabriel BONVALOT, directeur général du *Comité Dupleix*.
Georges BÉNÉDITE, professeur suppléant au Collège de France, conservateur des antiquités égyptiennes au Musée du Louvre.
Lieutenant-Colonel BERNARD, président de la Commission de délimitation des frontières de Siam.
E. BIGARD-FABRE, chef de la division des Musées et de l'Enseignement au Sous-Secrétariat d'Etat des Beaux-Arts.
Paul CASANOVA, professeur au Collège de France.
J. CHARLES-ROUX, ancien député, président du Conseil d'Administration de la Société Transatlantique, commissaire général de l'Exposition Coloniale de Marseille.
R. DE CHAUDESAIGUES DE TARRIEUX.
A. DEHODENCQ.
Stéphane DERVILLÉ, président du Conseil d'Administration de la Compagnie P.-L.-M.
Gaston DESCHAMPS.
Louis FARGES, Consul de France à Bâle.
CHÉKRI-GANEM.

Ed. GÉRARD, directeur de l'Office de l'Algérie.
Louis GONSE, membre du Conseil supérieur des Beaux-Arts et du Conseil des Musées.
Mme Myriam HARRY.
James H. HYDE.
Georges LAFENESTRE, membre de l'Institut, professeur au Collège de France, conservateur du Musée Condé.
Ch. LEMIRE, ancien résident de France en Indo-Chine.
Ernest LEROUX, éditeur.
A. LEUBA, agent de change.
A. MAILLET, publiciste, secrétaire du *Comité Dupleix*.
Henry MARCEL, ancien directeur des Beaux-Arts, administrateur général de la Bibliothèque Nationale.
Roger MARX, inspecteur général des Musées au Ministère des Beaux-Arts.
A. MASURE, secrétaire du Conseil d'Administration de la Compagnie P.-L.-M.
Louis MÉLEY.
Ch. MICHEL.
Gaston MIGEON, conservateur des objets d'art au Musée du Louvre.
Paul LEPRIEUR, conservateur au Musée du Louvre.
NOUVION.
JOANNY PEYTEL.
Henry ROUJON, secrétaire perpétuel de l'Académie des Beaux-Arts.
André SAGLIO, commissaire des Expositions des Beaux-Arts.
SAINT-GERMAIN, sénateur.
Gabriel SÉAILLES, professeur à la Faculté des Lettres.
Gustave SOULIER, critique d'art.

MEMBRES DÉCÉDÉS

Léon GÉROME, membre de l'Institut, Félix BARRIAS, BENJAMIN-CONSTANT, membre de l'Institut, A. CLUSERET, Eugène GIRARDET, HUGUET, Ch. LANDELLE, G. MORAND, Marius PERRET, Maurice POTTER, Gustave PINEL, Félix RÉGAMEY, Ary RENAN, James TISSOT.

MEMBRES HONORAIRES

MM. AUBLET, Hippolyte BERTEAUX, A. BESNARD, A. BROUILLET, F. CORMON, membre de l'Institut, DAGNAN-BOUVERET, membre de l'Institut, J. DAMPT, E. FRIANT, J. GEOFFROY, A. LEBOURG, J.-A. MUENIER, Armand POINT, Victor PROUVÉ, A. RENOIR, Théodore RIVIÈRE.

BUREAU

Président : M. Léonce BÉNÉDITE.

Vice-Président : A. CHASSÉRIAU.

Secrétaire : M. Charles MASSON ; *Trésorier* : M. RÉALIER-DUMAS ; *Conseil judiciaire* : Me Benjamin MONTEUX, avocat à la Cour.

MEMBRES TITULAIRES

Comité : MM. Maurice BOMPARD, Paul BUFFET, Amédée BUFFET, J.-A. CHUDANT, Charles COTTET, DAGNAC-RIVIÈRE, Dr Pierre DELBET, Etienne DINET, Hector d'ESPOUY, H. d'ESTIENNE, GAUDISSARD, E. GILLOT, L.-A. GIRARDOT, Paul LEROY, A. LUNOIS, A. MULOT, J. de la NÉZIÈRE, Victor PÉTER, G. ROCHEGROSSE, E. SULPIS, A. SURÉDA, J. TAUPIN, H. VOLLET.

Délégués du Comité pour l'Algérie : G. ROCHEGROSSE, A. MULOT.

Emile BERNARD, BALLOT, GASTÉ, BASTET, EYSSÈRIC, DUVENT, MÉRITE, DENEUX, JOUVE, CAUVY, POISSON, Jacques SIMON.

MEMBRES CORRESPONDANTS

José SILBERT (Marseille), Fritz MÜLLER, Maxime NOIRÉ (Alger).

Correspondant indigène. — S. SLIMAN BEN IBRAHIM, O. I.

Société des Peintres Orientalistes Français

EXTRAITS DES STATUTS

Article Premier. — La Société des Peintres Orientalistes Français a pour but de favoriser les études artistiques conçues sous l'inspiration des pays et des civilisations d'Orient et d'Extrême-Orient, par tous les moyens dont elle peut disposer : Expositions annuelles, Expositions rétrospectives, Publications, Conférences, Missions, Encouragements aux Artistes, aux Sociétés locales, aux Musées, etc.

Subséquemment, elle s'attache à faire mieux connaître ces pays et ces races indigènes d'Orient et d'Extrême-Orient, à diriger dans un sens critique l'étude des Arts anciens de ces civilisations et à contribuer au relèvement de leurs industries locales.

Par extension, les considérations précédentes peuvent s'appliquer aux régions qui ont subi le contact et l'influence des civilisations Orientales.

BOURSES D'ÉTUDES EN ALGÉRIE

Gouvernement Général de l'Algérie

Il est institué par le Gouvernement général de l'Algérie, deux bourses de voyage destinées à encourager de jeunes artistes, peintres, sculpteurs, graveurs, médailleurs, architectes, etc., par un séjour d'études en Algérie aux conditions énumérées ci-dessous ;

Ces deux bourses sont décernées annuellement. Elles sont de 3,000 francs chacune. Les titulaires bénéficieront, en outre, pendant la durée de leur séjour en Algérie, du logement dans une villa spécialement aménagée à leur usage.

Pendant une seconde année, les mêmes artistes n'auront pas droit au logement mais pourront recevoir une indemnité de 100 francs par mois proportionnellement à leur séjour.

Les candidats doivent être français et être âgés de moins de 35 ans au 1er Janvier de l'année en cours.

Ne pourra prendre part au Concours, tout artiste titulaire antérieurement d'une bourse de voyage décernée soit par le Gouvernement général de l'Algérie, soit par l'Administration des Beaux-Arts à l'occasion des Salons annuels de Paris.

Les concurrents devront adresser leur demande, sur papier timbré à 0 fr 60, avant le 15 Janvier à M. le Gouverneur général de l'Algérie, Office de l'Algérie, 5, galerie d'Orléans, Paris, où leur seront donnés tous les renseignements nécessaires.

Les œuvres présentées, au nombre maximum de trois dans chaque genre, devront être adressées à la date qui leur sera fixée, à la **Société des Peintres Orientalistes Français** (Grand Palais, avenue d'Antin), au Comité de laquelle le Gouverneur général de l'Algérie a confié le soin de présenter les titulaires des deux bourses.

Titulaires des Bourses d'Algérie

1907. MM L. Cauvy et Paul Jouve.
1908. MM. Jacques Simon et P.-M. Poisson.
1909. MM. L. Carré et J. Migonney.

MÉDAILLE

de la Société des Peintres Orientalistes Français

Une Médaille de Vermeil est attribuée par la Société à titre d'encouragement à l'étude des mœurs et des sites locaux, à l'artiste domicilié et exposant en Algérie ou en Tunisie qui aura exécuté la meilleure étude sur nature de figure ou de paysage de ces pays.

Titulaires de la Médaille de Vermeil
de la *Société des Peintres Orientalistes Français*

MM. A. Bariteau.
Maxime Noiré.
Gadan.

EXPOSITION D'ART ORIENTAL

I. **Tombeau d'Abdoullah al Aqoûli.**
Monument en bois de Teck de la Mosquée d'Agoulieh (Bagdad, rive gauche).
(Bagdad, art arabo-persan, XIVe siècle.)

II. **Château d'al Okhrydir.**
Exploré et relevé pour la première fois en 1908; vue générale.
(Gypsographie de **Pierre ROCHE.**)
(V. le mémoire à l'*Institut. Gazette des Beaux-Arts.*)

Mission de M. **Louis MASSIGNON**, membre de l'Institut Français d'Archéologie Orientale, subventionné par le Ministère de l'Instruction publique (1907-1908).

Broderies ottomanes des vilayets de Kossovo, Monastir et Salonique.
(Collection de M. et Mme Choublier-Carrière.)

MONUMENT

A LA MÉMOIRE DU PEINTRE

Maurice POTTER

Tué en Abyssinie (Mission de Bonchamps)

ÉLEVÉ PAR LA

SOCIÉTÉ DES PEINTRES ORIENTALISTES FRANÇAIS

Buste de Maurice Potter
par **M. Théodore RIVIÈRE**

Projet du Monument
par **M. Hector d'ESPOUY**

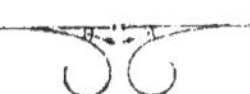

EXPOSITION RÉTROSPECTIVE

PERRET (Marius).

Moulins 1853. — Sindanglaija (Java) 1900.

Œuvres inédites :

Vue d'un temple (Java).
Paysage marécageux (Java).
Paysage (Java).
Vue du temple d'Angkor Wat (Cambodge).
Tombeau des ancètres (Cambodge).
Chameau d'Algérie.
Études d'après des animaux (Sénégal).
Études peintes (Sénégal).
Études peintes (Sénégal).
Études peintes (Sénégal).
Études peintes (Sénégal).
Études exécutées en Algérie.
Études exécutées en Algérie.
Onze études exécutées au Sénégal et en Algérie.

I

PEINTURE

Dessins, Aquarelles, Gravures.

ANTONI (Louis-Ferdinand).

6, villa de la Réunion, Paris.

1. — Dans l'Oued.
2. — Femme à la cruche.
3. — Village d'El-Kantara.
4. — Un coin d'El-Kantara.
5. — Le vieil Arabe, *dessin.*
6. — Un homme, *eau-forte.*
7. — Étude de femme, *eau-forte.*

AUBLET (Albert).

135, Boulevard Bineau, Neuilly-sur-Seine.

8. — Au Gourbi.
9. — Au clair de lune.
10. — Rue de Tunis (rue claire).
11. — Rue de Tunis (rue sombre).
12. — Conducteurs de chameaux.

BALLOT (Georges-Henri).

13, rue de l'Abbaye, Paris.

13. — Coin du village arabe d'Aïn Sefra.
14. — Jeune fille du Guir.
15. — Fillette d'Aïn-Sefra.
16. — Rue Couverte.
17. — La Mosquée.
18. — Dune de sable.
19. — Extrémité de la dune.
20. — Un Marabout.

21. — Entrée du village. Appartient à M. Ch. L.
22. — Intérieur indigène (Colomb-Béchar).
23. — Jeune fille de Colomb-Béchar. App. à M. P. R.
24. — Femme du Tafilalet.
25. — Jeune fille du Gouvara.
26. — Ouakda, une rue.
27. — Ouakda, place.
28. — Colomb-Béchard, une tente.
29. — Colomb-Béchar, la Palmeraie. App. à M. Ch. L.
30. — Alger, rue de la Kasbah.
31. — Alger, les marchands mzabites.

BERNARD (Émile-Henri).

12, rue Cortot, Paris.

32. — Femmes au Nil.
33. — Arabes nues.
34. — Les trois Grâces égyptiennes.
35. — Moïse et les Filles de Jéthro.
36. — Salomé.
37. — La Corvée des fellays.
38. — Campement.
39. — Le Mouled (fête).
40. — Au bain.
41. — Les Prostituées du Caire.
42. — Espagnoles.
43. — Rêverie.
44. — Les Marchandes d'oranges.
45. — L'Esclave malade. Appartient à M. T.
46. — La Danseuse.
47. — Les Marchands.

BONNET (Ernest).

2, boulevard des Sablons, Neuilly-sur-Seine.

48. — Paysan marocain et Spahi.
49. — Banlieue de Tanger, une Rue à Tlemcen.
50. — Clair de lune, Paysan arabe.

51. — Boutiquier arabe, le Café.
52. — Juif Tlemcénien, Porteur d'eau.
53. — Jeune Fille arabe.
54. — Jeune Fille arabe.

BOUGOURD (Cécile).

9, rue de Sparte, Tunis.

55. — Les Mûriers d'Halfaouine (Tunis).
56. — Hammam de Bab-Souika (Tunis).
57. — Rue Halfaouine (Tunis).

BROCA (Alexandre de).

20, Rue Franklin, Nantes.

58. — Le Baiser arabe.
59. — Vallée d'Aïn-Baekousch-Krounierie.

BRONDY (Mattéo).

15, rue Béranger, Paris.

60. — Le Kaouadji de Sidi-Ali.
61. — Port de Méditerranée.
62. — Village lacustre au Dahomey, *aquarelle*.

BUFFET (Amédée).

71, rue Jacques-Dulud, Neuilly-sur-Seine.

63. — Café arabe le soir.
64. — Marabout de Sidi Zarzour (Biskra).
65. — Porte au vieux Biskra.
66. — Intérieur de café arabe dans la Casbah (Alger).
67. — Intérieur de café arabe dans la Casbah (Alger).
68. — Rue dans la Casbah (Alger).
69. — Rue dans la Casbah (Alger).
70. — Rue dans la Casbah (Alger).
71. — Fontaine dans la mosquée Djerra Kébir (Alger).
72. — Intérieur à Gafsa (Tunisie).

BUFFET (**Paul**).

71, rue Jacques-Dulud, Neuilly-sur-Seine.

73. — Rue de Biskra.
74. — Passage de l'Oued.
75. — Campement près de Batna.
76. — La fin d'un oued.

CABANES (**Louis**).

199, rue de Vaugirard, Paris.

77. — Clair de lune (Vieux Biskra).
78. — Marché aux ânes à Sidi Okba.
79. — Une rue à Sidi Okba.
80. — La rentrée.
81. — Une rue le soir à Tolga.

CALBET (**Antoine**).

102, rue du Cherche-Midi, Paris.

82. — 21 dessins ayant servi à illustrer *Madame Petit-Jardin*, de Myriam Harry. (Collection Moderne-Bibliothèque).

CLARY (Cte) (**Charles-Henri-Joseph-Joachim**).

15, avenue de Paris, Versailles.

83. — Temple d'Uyeno (Japon).
84. — Kiyomizudera (Japon).
85. — Les Glycines de Kameido (Japon).
86. — Une rue de Pékin (Chine).
87. — Les Érables, à Kyoto (Japon).
88. — Une Chambre (Japon).
89. — Une rue à Tokyo (Japon).
90. — Une rue à Kyoto (Japon).
91. — Temple à Nikko (Japon).

COTTET (Charles).
10, rue Cassini, Paris.

92. — Barque de pêche à Chioggia.
93. — Barque de pêche à Chioggia.
94. — Barque de pêche à Chioggia.
95. — Nuit à Venise.
96. — Nuage jaune.
97. — Nuage rose.

DAGNAC-RIVIÈRE (Ch.-H.-G.).
Moret-sur-Loing (Seine-et-Marne).

98. — Marchand de Tapis à Tanger.
99. — Marché.
100. — Rue arabe le soir.
101. — Boutiques.

DAVID (Élie-Ferdinand).
Villa Canet, à Penne (Lot-et-Garonne).

102. — Le Pont de Tolède et les Remparts de Tolède.
103. — Chez le Marabout Sidi-Hamet Bou Kouga, à Tanger.
104. — Porte de la Caserne, à Tanger.
105. — Un clocher à Sivovic, *dessin crayon de couleur.*
106. — Salamanca *dessin crayon de couleur.*
107. — Cour arabe à Grenade, *dessin crayon de coul.*

DELAHOGUE (Alexis-Auguste).
15, rue Grange-Batelière, Paris.

108. — Intérieur arabe.
109. — Caravane.
110. — Tisseuse (El-Kantara).
111. — Maison à Djara (Tunisie).
112. — Femme tunisienne.
113. — Rue à Bou-Sâada.
114. — Intérieur à El-Kantara.
115. — El-Kantara.

DELAHOGUE (Eugène-Jules).
15, rue Grange-Batelière, Paris.

116. — Café maure d'El-Kantara
117. — Un coin de Djara (Tunisie).
118. — La Rivière à El-Kantara (matin).
119. — La Rivière à El-Kantara (soir).
120. — Ruelle à Bou-Sâada.
121. — Cimetière arabe à El-Kantara.
122. — Rue des Juifs à Bou-Saada.
123. — Rivière à Bou-Sâada.

DELBET (Pierre).
24, rue du Bac, Paris.

124. — Chez Madame B. (Alger).
125. — Baignade.
126. — Soir aux sources de Tozeur.

DÉNEUX (Gabriel).
79, rue de Paris, à Épinay-sur-Seine.
9, rue Hoche, Alger.

127. — Nomades campant près d'un temple antique.
128. — Le Muezzin.
129. — Kairouan.
130. — Le Fréteur, *aquarelle.*
131. — Le Port d'Oran, *aquarelle.*

DINET (Alphonse-Étienne).
25, quai Voltaire, et chez MM. Allard, 20, rue des Capucines, Paris.

132. — La fuite des Baigneuses. App. à M. Plaignaud.
133. — A la fenêtre. Appartient à M. Cocteau.
134. — Le Croissant (Groupe de Musulmans découvrant le croissant de la nouvelle lune, annonciateur du Jeûne de Ramadhan).

DOIGNEAU (Edouard).

67, boulevard Berthier, Paris.

135. Croquis de chevaux d'Orient, *dessins rehaussés d'aquarelle.*
136. Boucher turc ambulant.

DULAC (Édmond).

chez M. Piazza, 19, rue Bonaparte, Paris.

137. 5 Cadres de 4 sujets. *Illustrations pour le Rubaiyat de Omar Khayyam* (H. Piazza, éditeur).

DUJARDIN-BEAUMETZ (Mlle Rose).

12 *bis*, rue Pergolèse, Paris.

138. — L'extrémité du Grand Canal.
139. — Le Canal de la Giudecca.
140. — L'extrémité de la Douane au soleil couchant.
141. — Bateaux de pêche au Lido.
142. — Dans Venise.
143. — Au large.
144. — Le Port de Venise le matin.

DUVENT (Charles).

121, rue Borghèse, Neuilly-sur-Seine.

145. — La route de Fiesole.
146. — Oliviers florentins.
147. — Ligne de Cyprès.
148. — Vallée de l'Arno, *gouache.*
149. — Vue de Florence de Fiesole.
150. — Ponte Trinita.
151. — Jardin Boboli, *gouache.*
152. — Sainte-Marie des Fleurs, *gouache.*
153. — Entrée du Grand Canal la nuit, *pastel.*

EYSSÉRIC (Joseph).

90, rue d'Assas, Paris.

154. — Constantinople.
155. — En partance pour le Levant, *pastel.*
156. — Barques à Sfax (Tunisie).

FONTANES (Raymond Coiquaud de)

18, rue du Dragon, Paris.

157. — Canal à Burano.
158. — Saint-François du désert, *pastel.*
159. — Venise, *pastel.*
160. — Cimetière (Venise), *pastel.*
161. — Cloître (l'Abazzia), *pastel.*
162. — Barques au Lido, *pastel.*
163. — Coucher de soleil, *pastel.*
164. — Maison (Chioggia), *pastel.*
165. — Lever de soleil, *pastel.*
166. — Barque, *pastel.*
167. — Grand Canal, *pastel.*
168. — Coucher de soleil. *pastel.*
169. — Burano, *pastel.*
170. — Castello, *pastel.*
171. — Marché (Castello), *pastel.*
172. — Coucher de soleil, *pastel,*
173. — Coucher de soleil, *pastel.*
174. — Canal, *pastel.*
175. — Quai à Burano, *pastel.*
176. — Barque (Chioggia), *pastel.*
177. — Vieille maison (Chioggia), *pastel.*
178. — Pont (Castello), *pastel.*
179. — Maison (Burano), *pastel.*
180. — Barque (Chioggia), *pastel.*
181. — Chantier (Castello), *pastel.*
182. — Coucher de soleil, *pastel.*
183. — Barque (Murano), *pastel.*

FORSTER (Mlle Lys).

7, avenue de Longchamps, Boulogne (Seine).

184. — Aberkraman ben Mohammed.
185. — Houssen le joueur de flûte,
186. — Narkla ben Boukalat.

GASTÉ (Constant-Georges).

56, rue Saint-Placide, chez M. Bérard, Paris.

187. — Environs de Madura (Indes). Notations de voyage.
188. — L'Ilôt sacré, Madura (Indes). Impression.
189. — Une Dewa-Dassy, danseuse et servante des Dieux. (Grand Temple de Madura) (Indes).
190. — L'heure du sacrifice, sanctuaire de Ganesha, Dieu de la sagesse, Madura (Indes), *ébauche*.
191. — Ablutions du matin, Madura (Indes).
192. — Sunlight and shadow, Madura (Indes).
193. — Environs de Madura (Indes), *pochade*.
194. — Le sceau de Vichnou, Madura (Indes).
195. — Sous le parasol, Madura (Indes), *pochade*.
196. — L'Arbre sacré, Madura (Indes), *pochade*.
197. — The Bungalow, habitation anglo-indienne, Madura (Indes).
198. — Le roc de Vichnou, Madura (Indes).
199. — Crépuscule, Madura (Indes), *étude*.
200. — Une petite porte du Grand Temple, Madura (Indes) (*étude*).
201. — Les abords du Sanctuaire de la déesse aux yeux de poisson, Grand Temple de Madura (Indes), *esquise*.
202. — L'Etang de Lotus d'or, Madura (Indes).

GAUDISSARD (Ed.).

14, rue de la Cure, Paris.

203. — Au cimetière.

GIRARDOT (Louis-Auguste).
68, rue d'Assas, Paris.

204. — Pèlerinage au Tombeau de Sidi-Moussa.

IWILL (Marie-Joseph).
11, quai Voltaire, Paris.

205. — Canna di regio. L'orage, Venise.
206. — Malamocco, Venise.
207. — Venise, Brumes matinales.
208. — Fondamenta nuove, Venise.
209. — La Giudecca, Venise.
210. — Le matin à Venise.

JOUVE (Paul).
15, rue Boissonade, Paris.

211. — Chameau debout, *dessin*.
212. — Chameau, *dessin*.
213. — Chameau à Bou-Sàada, *dessin*.
214. — Cavalier arabe, *dessin*.
215. — Cavalier arabe, *dessin*.
216. — Aigle, *eau-forte*.
217. — Singe, *eau-forte*.
218. — Singe, *eau-forte*.
219. — Harfang, *eau-forte*.
220. — Marabout (à Bou-Sàada).

JUDITH.
18, rue Boissonade, Paris.

221. — Négresse à contre-jour.

JUNÈS (David).
5, rue Pétrarque, Paris.

222. — Étude de femme.
223. — Femme se chauffant.
224. — Une rue à Tunis.
225. — Etude de femme.

LAURENT-GSELL (Lucien).

50, rue Saint-Georges, Paris.

226. — Le Marché de San-Remo.
227. — Le Cap, San-Remo.
228. — Marchande de fleurs à Tenda.
229. — Marché de légumes dans la vieille ville, San-Remo.
230. — La route d'Italie à Tenda.
231. — La ville de Tenda.
232. — Linda, femme d'un contrebandier.
233. — La plage de Luna.

LAURENS (Adolphe-Camille).

Lieutenant de vaisseau à bord du Pothuau, Toulon.

234. — Musicienne annamite.
235. — Portrait de Chinoise.
236. — La danse des paons (Annam).
237. — Danseuses siamoises.
238. — Acteurs du théâtre chinois.
239. — Le cimetière de la baie d'Ha-Long.
240. — Pagode indoue (matin).

LAUTH (Frédéric).

36, rue d'Assas, Paris.

241. — Mateo, le berger d'Avila.
242. — Candido le muletier.
243. — Federico le contrebandier (Avila).

LÉVY-DHURMER (Lucien).

3 *bis*, rue Labruyère, Paris.

244. — Étude d'Ouled Naïl, *pastel*.

LUCAS-ROBIQUET (Marie A.).
9, rue Brown-Sequard, Paris.

245. — Femmes au lavoir (Maroc).
246. — Cavalier du Maghzen (Sud Oranais).
247. — Enfants sur la place de Beni-Ounif (Sud-Oranais).
248. — Tahedat et son frère (Sud Oranais).
249. — Tahedat filant (Sud Oranais).
250. — Retour du jardin (Sud-Tunisien).
251. — Dans sa cuisine (Sfax).

LUNOIS (Alexandre).
1, rue de Poissy, Paris.

252. — Études d'Espagne.

MADRAZO (F. de).
32, rue Washington, Paris.

253. — Porte de la Mosquée, Cachemire.
254. — Gaouradji la danseuse.
255. — Le Gange silencieux.
256. — Jeune Hindou.
257. — Marchand de guirlandes.
258. — Danseuse du Cachemire.
259. — Jeune Hindou.
260. — Rue à Bénarès.
261. — Musulmans en prière.
262. — Vue de Srinagar.
263. — Danseuse du Malabar.
264. — Lac d'Oudeypour.
265. — Lac d'Oudeypour.
266. — Le Taj Mahal d'Agra (Tombe de la Sultane).
267. — Mariage à Bénarès.
268. — Isé Odari, (Danse japonaise).
269. — Yoshiwara.
270. — Yoshiwara.
272. — Théâtre à Tokio.
273. — Théâtre à Tokio.

MAGNE (Henri-Marcel).

7, rue du Boccador, Paris.

274. — Cloître de la Cathédrale (Pampelune, Espagne).
275. — Fragment de rétable (Pampelune, Espagne), *aquarelle.*
276. — Fragment de rétable (Burgos, Espagne).
277. — Devant d'autel en émail (Burgos, Espagne), *aquarelle.*
278. — Crypte (Léon, Espagne).
279. — Portail de la Cathédrale (Santiago, Espagne).
280. — Un tombeau dans la Cathédrale (Salamanque, Espagne).
281. — Une chaire dans San-Pedro (Avila, Espagne).
282. — Rétable de la Cathédrale (Avila, Espagne).
283. — Fragment de rétable (Avila, Espagne), *aquarelle*
284. — La Cathédrale (Ségovie, Espagne).
285. — Le Cloître (Ségovie, Espagne).
286. — Une petite église (Ségovie, Espagne).
287. — Pont Saint-Martin (Tolède, Espagne).
288. — Pont d'Alcantara (Tolède, Espagne).
289. — Chœur de la Cathédrale (Tolède, Espagne).
290. — Une Porte, le matin (Tolède, Espagne).
291. — Mirhab de la Mosquée (Cordoue, Espagne).
292. — Vieille faïence (Cordoue, Espagne).
293. — Alhambra (Grenade, Espagne).
294. — Cour des Myrtes (Grenade, Espagne).
295. — Cour des Lions (Grenade, Espagne).
296. — Cour des Lions (Grenade, Espagne).
297. — Santa-Paula (Séville, Espagne).
298. — L'Alcazar (Séville, Espagne).
299. — Une fontaine (Alcobaça, Espagne).

MAILLAUD (Fernand).

3, rue de l'Estrapade, Paris.

300. — Etudes en Catalogne.

MANZANA-PISSARRO.

20, rue Choron, Paris.

301. — L'Adolescente, *bronze et détrempe*. Appartient à M. Libaude.

302. — Femmes arabes au bord de la mer, *gouache et bronze*. Appartient à M. Libaude.

303. — Le Campement du Harem, *bronze et détrempe*. Appartient à M. Libaude.

304. — Baignade en Orient, *bronze et dètrempe*. Appartient à M. Libaude.

305. — Les Femmes du Harem au bain, *bronze et gouache*. Appartient à M. Libaude.

306. — Femmes arabes au bord de l'eau, *bronze et gouache*. Appartient à M. Libaude.

307. — La Femme et les Cygnes, *gouache et bronze*. Appartient à M. Libaude.

308. — Joueuse de Guitare, *gouache et bronze*. Appartient à M. Líbaude.

309. — La Femme au Pélican, *gouache et bronze*. Appartient à M. Libaude.

310. — Joueuse de Guitare, *gouache et bronze*. Appartient á M. Libaude.

311. — La Sieste au bord de l'eau, *gouache et bronze*. Appartient à M. Libaude.

312. — La Femme aux Cygnes, *peinture à l'huile, or et platine*. Appartient à M. Libaude.

313. — Femme arabe fumant la cigarette, *détrempe et bronze*. Appartient à M. Libaude.

314. — La Femme au Paon, *détrempe et bronze*. Appartient à M. Libaude.

315. — La Baigneuse à la Cascade, *dètrempe et bronze*. Appartient à M. Libaude.

316. — Conte d'Orient, *bronze et détrempe*. Appartient à M. Libaude.

317. — La Tireuse de cartes, *détrempe et bronze*. Appartient à M. Libaude.

318. — Bal masqué, *détrempe et bronze*. Appartient à M. Libaude.

319. — Bal masqué, *détrempe et bronze*. Appartient à M. Libaude.
320. — Bal masqué, *détrempe et bronze*. Appartient à M. Libaude.
321. — L'Adolescente, *détrempe et bronze*. Appartient à M. Libaude.
322. — Jeune Femme orientale, *détrempe et bronze*. Appartient à M. O. Mirbeau.
323. — Femme et Cygnes, *gouache*. Appartient à à M. O. Mirbeau.
324. — Femme et Paons, *gouache*. Appartient à M. O. Mirbeau.
325. — Poules Faverolles, *détrempe*. Appartient à M. O. Mirbeau.
326. — Poule, *détrempe et bronze*. App. à M. Maciet.
327. — Les Dindons, *détrempe*. Appart. à M. Maciet.
328. — Coq, *détrempe*. Appartient à M. Maciet.
329. — Les Zèbres à l'abreuvoir. Appart. à M. Maciet.
330. — Conte d'Orient. Appart. à M. Tiébault-Sisson.
331. — Conte d'Orient. Appart. à M. Tiébault-Sisson.
332. — Conte d'Orient. Appart. à M. Tiébault-Sisson
333. — Conte d'Orient. Appart. à M. Tiébault-Sisson.
334. — Conte d'Orient. Appart. à M. Tiébault-Sisson.
335. — Conte d'Orient. Appart. à M. Tiébault-Sisson.
336. — Conte d'Orient. Appart. à M. Tiébault-Sisson.
337. — La Femme orientale, *détrempe et bronze*. Appartient à Mme la baronne Frachon.
338. — Croquis de Coq.
339. — Croquis de Coq.
340. — Croquis de Coq.
341. — Le Harem et les Zèbres.
342. — Femmes arabes au bord de la rivière, *or, platine et gouache*.
343. — Les Baigneuses, *or et peinture à l'huile*.
344. — Le Coq et la Femme à la pomme d'or, *croquis*.
345. — Jeunes Sultanes au bain, *gouache et or*.
346. — Femmes orientales au bain, *gouache et or*.

347. — Femmes arabes au bord de la mer, *gouache et bronze.*
348. — Femmes arabes au bord de la mer, *gouache et bronze.*
349. — Conte d'Orient.
350. — Conte d'Orient.
351. — Conte d'Orient.
352. — Conte d'Orient.
353. — Conte d'Orient.
354. — Conte d'Orient.
355. — Conte d'Orient.
356. — Conte d'Orient.
357. — La Femme au Zèbre. Appart. à M. O. Saincère.
358. — Baigneuses.
359. — Paravent.
360. — Une série d'eaux-fortes.
361. — Une série de lithographies.
362. — Les Souris et les Pommes, *gravure en bois.*
363. — La Femme au Coq, *gravure en bois.*
364. — La Femme arabe au bord de la mer, *gouache et bronze.*
365. — Les Femmes arabes sous les Orangers, *gouache et bronze.*
366. — Les Joueuses de guitare, *gouache et bronze.*
367. — Femmes turques causant, *gouache et bronze.*
368. — Femme aux Paons, *gouache et bronze.*
369. — Femme aux Paons, *peinture à l'huile et or.*
370. — Une Tapisserie (exécutée par Mme Roboa-Manzana.
371. — Femme arabe, *gouache.* App. à M. Koéchin.
372. — Femme tirant son bas, *peinture à l'huile.*
373. — Panneau décoratif. Appartient à M. Vollard.
374. — Panneau décoratif. Appartient à M. Vollard.
375. — Panneau décoratif. Appartient à M. Vollard.
376. — Panneau décoratif. Appartient à M. Vollard.

MÉHEUT (Mathurin).
45, rue Falguière, Paris.

377. — Panthères (2 cadres), *dessin.*
378. — Caracals (1 cadre), *dessin.*
379. — Singes (1 cadre), *dessin.*
380. — Paons (2 cadres), *dessin.*
381. — Dindes (1 cadre), *dessin.*

MOREROD (Edouard).
11, rue des Ternes, Paris.

382. — Paysan espagnol, *dessin aquarellé.*
383. — Pepa, *pastel.*
384. — Croquis de Guadix, *dessin aquarellé.*
385. — Croquis de Guadix, *dessin aquarellé.*
386. — Gitane, *dessin rehaussé.*
387. — Etude, tête d'homme, *dessin.*
388. — Vue de Guadix, *aquarelle.*
389. — El Caño (vieille fontaine arabe), (Guadix).
390. — Vue de Guadix.
391. — Guadix, temps gris.
392. — Habitation à Guadix.
393. — Place du Marché, au clair de lune (Guadix) *aquarelle.*
394. — Marché, à Guadix, *aquarelle.*
395. — Eglise de la Magdaleña, (Guadix), *aquarelle.*
396. — Fontaine à Guadix, *aquarelle.*

MOURANI (Philippe).
114, rue de Vaugirard, Paris.

397. — Fontaine Inanié (Damas).
398. — Cour de Mosquée (Damas).
399. — L'heure de la soif (Damas).
400. — Rue de Damas.
401. — A la porte d'un moulin (Liban).
402. — Derniers rayons de soleil aux Cèdres du Liban, (étude).

403. — Cèdre à la patte de lion (Liban).
404. — 8 Etudes de Damas et du Liban.
405. — 1 Etude du Liban.
406. — 5 Petites études.

MULLER (Gérard).

442, Heerengracht, Amsterdam (Hollande).

407. — Souvenir d'Orient, *aquarelle*.
408. — Jeune Fille mauresque, *aquarelle*.

NÉZIÈRE (Joseph de la).

6, rue Aumont-Thiéville, Paris.

409. — Marché annamite (pendant l'inondation).
410. — Sous les Aréquiers (Cambodge).
411. — Danseuses cambodgiennes.
412. — Un Marché (environs de Hanoï).
413. — Le Pont de Yoshiwara (Japon).
414. — Rizières près de Yoshiwara (Japon).
415. — Le Thé (Japon).
416. — Kameïdo (Japon).
417. — Effet de pluie (Japon).
418. — Le Fusi-Yama (Japon).
419. — Le Marché aux Poteries (Tanger).
420. — Dans l'oasis de Gabès.
421. — Sidi-Bou-Saïd.
422. — Place Bab-Souika (Tunis).
423. — Un vieux pont en Sicile.
424. — Un Tam-Tam (Soudan).
425. — Lever de Lune (Ceylan).
426. — Une pagode (Bangkok).

PADILLA (Claudio)

chez F. Lauth, 36, rue d'Assas, Paris.

427. — *Panneau I.* — Contenant les petites toiles suivantes :

Danse nocturne (Grenade).
El Torreon de Avila.
Chapelle (Salamanque).
Las Delicias (Séville).
Le départ de la Diligence. (Appt à Mme L. S.)
Les Novios.
Paysage Costille.

428. — *Panneau II.* — Contenant les petites toiles suivantes :

El Mulhacera (Sierra-Nevada).
Arrivée au relai (Costilla).
Couvent de Santa-Isabel (Grenade).
Paysage.
Castillo (Aragon).
Sierra Nevada.

PERRET (Marius).

429. — Temple Ankor-Watt.
430. — Chameau, *étude peinte.*
431. — Cinq cadres d'études peintes (Sénégal).
432. — Deux cadres d'études peintes (Algérie).
433. — Études exécutées au Sénégal.

PIERREY (Maurice).

30, rue Copernic, Paris.

434. — Environs de Barcelone.
435. — A Elche (Espagne).

RÉALIER-DUMAS (Maurice).
rue d'Epréménil, à Chatou (Seine-et-Oise).

436. — Les Jardins de l'Alcazar.
437. — Les Ruines de Sagonte.
438. — Agrigente.
439. — Paysage de Majorque.
440. — Paysage de Majorque.

ROCHEGROSSE (Georges).
Djenan Meriem, El Biar, près d'Alger.

441. — Madame Doudja, étude.
442. — Dans mon Jardin, étude.

ROÏG (Pablo).
11, rue d'Orchampt, Paris.

443. — Aux Taureaux, éventail, *pastel* (Séville, **Espagne**).
444. — Chanteuse et Guitariste, *pastel* (Séville, **Espagne**).
445. — Cabaret à Séville, *pastel*.

SILBERT (José).
139, boulevard Longchamp, Marseille.

446. — Le Rempart et la Bab-dahraoui à Sfax.

SIMON (Jacques).
4, rue Coëtlogon, Paris.

447. — Paysage.
448. — Le Troupeau.
449. — Le Champ de blé.
450. — Le vieil Arbre (midi).
451. — Le vieil Arbre (soir).
452. — Le Ravin de la Femme Sauvage.
453. — Vallée de la Regaïa.
454. — Le Pont.
455. — Vue d'Alger.

456. — Vue de Kouba.
457. — Clair de lune.
458. — Arabes au bord de la mer.
459. — Aquarelles, dessins, notes et documents.

VALENSI (**Henry**).
57, boulevard Pereire, Paris.

460. — Figuig (panorama).
461. — Figuig (soleil couchant).
462. — Figuig (village jaune).

VILLAIN (**Henri-G.**).
14, rue Cambacérès, Paris.

463. — Raguse (soleil du matin).
464. — En Dalmatie.
465. — En Dalmatie.
466. — Sur la côte Dalmate.
467. — Sur la côte Dalmate.
468. — La Marchande d'oranges.
469. — Dans le cloître Dalmate. Appart. à M. R. B.
470. — Ruines au soleil couchant.
471. — Reflets de soleil.
472. — L'Automne à Venise.
473. — Le mur jaune et les voiles rouges.
474. — L'eau du Grand Canal, Venise. Appartient à M. Le R.
475. — La Coupole verte, temps pluvieux. Appartient à M. V. B.
476. — La Maison rouge.
477. — Blancs par temps gris à Venise.
478. — Linge séchant au soleil.
479. — Midi sur le Campo.
480. — La Fruiterie au soleil.
481. — La Maison jaune et linge séchant.
482. — Dans l'après-midi.
483. — Reflets du couchant sur le campanile.

484. — Après une nuit de pluie.
485. — L'eau de l'impasse.
486. — Florence. Appartïent au Dr E. B.
487. — Le Ponte Vecchio.
488. — Fin d'après-midi.
489. — La tente rouge à Zara.

VOLLET (Henry).
4, rue Aumont-Thiéville, Paris.

490. — Le vice d'Asie (fumerie d'opium).
491. — Crue du fleuve Rouge la nuit.
492. — Pauvre pècheur Indo-Chinois.
493. — Maison blanche à Hanoï.

ZILCKEN (Philippe).
Takèsono, La Haye (Hollande).

494. — Mosquée de Sidi-Mousa (Biskra).
495. — Village nègre (Biskra).
496. — Marabout de Sidi-Lasshen (Biskra).
497. — Soir à Beni-Mora.
498. — Dans le vieux Biskra.
499. — Jour de Chéhli.
500. — Soir à l'oasis.
501. — Le vieux Fort Turc à Alger.
502. — Rue d'Héliopolis (Alger).
503. — Rue de Thèbes (Alger).
504. — Rue Porte-Neuve (Alger).
505. — Zorah.
506. — Fatmah.
507. — Haoudja.
508. — Printemps à l'oasis d'El-Kantara.
509. — Dans la Casbah d'Alger,
510. — Vieux Cimetière à la Bousaréah (Alger).
511. — La route de Touggourt (Biskra).
512. — Impression de soir au Vieux-Biskra.
513. — Rue de Thèbes.

514. — Vue d'Alger.
515. — Soir orageux à Beni-Mora.
516. — Le long de l'Oued à Biskra.
517. — Escalier dans la Casbah d'Alger.
518. — Dans le village nègre (Biskra).
519. — Tentes de nomades (Biskra).
520. — Sahara.
521. — Dans la Casbah d'Alger.
522. — Dans la Casbah.
523. — La Maison des bourricots (Biskra).
524. — Un cadre contenant quatre pointes sèches aquarellées pour « Impressions d'Algérie », Paris 1910, Floury, éd.

II

SCULPTURE

CHARLIER (Guillaume).
16, avenue des Arts, Bruxelles.

525. — Porteuse d'eau Arabe, *statuette étain*. (Appartient à Mme L. B.)

GAUDISSARD (E.).
14, rue de la Cure, Paris.

526. — Ouled Naïl dansant, *statuette plâtre*.
527. — Groupe d'Ouleds Naïls dansant, *plâtre*.

HIERHOLTZ (Gustave).
3, rue Gerbier, Paris.

528. — La Harde (projet de surtout de table), *3 pièces plâtre*.

JOUVE (Paul).
7, rue Boissonade, Paris.

529. — Tigre mangeant un lièvre, *bas-relief*.

MULOT (Albert).
29, boulevard Berthier, El-Biar (Algérie).

530. — Le Hadji, *groupe bronze*.
531. — Au Bain maure, *groupe bronze*.
532. — Zora, *buste bronze*.
533. — Au cimetière d'El-Kottar, *groupe bronze*.

PERRAULT-HARRY.
60, boulevard Bourdon, Neuilly-sur-Seine.

534. — Renards du Sahara, *marbre*.

POISSON (**Pierre-Marie**).

49, avenue de Ségur, Paris.

535. — Danseuse Ouled Naïl (Bou-Sâada) *plâtre*.
536. — La Danse, *fragment d'un bas-relief*. « La Vie Arabe », *plâtre*.
537. — Petite fille de Bou-Sâada, *plâtre*.
538. — Petite fille de Bou-Sâada, *plâtre*.
539. — Rieur, *plâtre*.
540. — Petite fille dansant, *plâtre*.
541. — Jeune fille à la rose (Alger), *plâtre*.
542. — Coquette (Alger), *plâtre*.
543. — Femme voilée (Alger), *plâtre*.

BUGATTI (**Rembrandt**).

8, rue Royale, Paris, chez M. Hébrard

544. — Léopard, *bronze à cire perdue*. Appartenant à M. A.-A. Hébrard, fondeur d'art.
544. — Lion, *bronze à cire perdue*. Appartenant à M. A.-A. Hébrard.
545. — Tigre dévorant, *bronze à cire perdue*. Appartenant à M. A.-A. Hébrard.

WALDMANN (**Oscar**).

80, avenue du Maine, Paris.

546. — Réveil du Lion, *bronze*.
547. — Lion aux aguets, *bronze*.
548. — La fin des Géants, (seul exemplaire; original unique).

Paris. — Imprimerie F. JOURDAN, 36-38, rue de la Goutte-d'Or.

www.ingramcontent.com/pod-product-compliance
Lightning Source LLC
LaVergne TN
LVHW021638170726
843501LV00007B/2296
9782329651002

REMY DE GOURMONT

Litanies de la Rose

M DCCC XCII

Tirage unique sur Japon français à la main, à 84 exemplaires numérotés et signés par l'auteur,— savoir :

21 ex. japon Isabelle.
21 ex. — rubis oriental.
21 ex. — jaspe gris de fer.
21 ex. — Havane.

Exemplaire

N° 52

Remy de Gourmont

Litanies de la Rose

DU MÊME AUTEUR

A la librairie Savine :

SIXTINE, roman de la vie cérébrale (*2e édition*).

Au « MERCVRE DE FRANCE » :

LE LATIN MYSTIQUE. *Les poètes de l'Antiphonaire et la Symbolique au moyen-âge* (Edition des Souscripteurs).

SOUS PRESSE OU EN-PRÉPARATION

Théodat, poème dramatique en prose.
Contes lointains.
Proses moroses.
Le Fantôme.

REMY DE GOURMONT

Litanies de la Rose

PARIS

ÉDITION DU « MERCVRE DE FRANCE »

Et se vend chez Léon Vanier, Libraire

19, quai Saint-Michel

M DCCC XCII

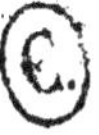

A Henry de Groux.

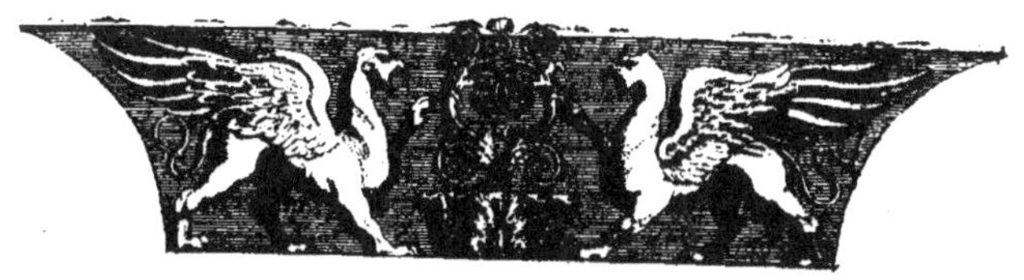

LITANIES DE LA ROSE

Fleur hypocrite,
Fleur du silence.

Rose couleur de cuivre, plus frauduleuse que nos joies, rose couleur de cuivre, embaume-nous dans tes mensonges, fleur hypocrite, fleur du silence.

Rose au visage peint comme un fille d'amour, rose au cœur prostitué, rose au visage peint, fais semblant d'être pitoyable, fleur hypocrite, fleur du silence.

Rose à la joue puérile, ô vierge des futures trahisons, rose à la joue puérile, innocente et rouge, ouvre les rets de tes yeux clairs, fleur hypocrite, fleur du silence.

Rose aux yeux noirs, miroir de ton néant, rose aux yeux noirs, fais-nous croire au mystère, fleur hypocrite, fleur du silence.

Rose couleur d'or pur, ô coffre-fort de l'idéal, rose couleur d'or pur, donne-nous la clef de ton ventre, fleur hypocrite, fleur du silence.

Rose couleur d'argent, encensoir de nos rêves, rose couleur d'argent, prends notre cœur et fais-en de la fumée, fleur hypocrite, fleur du silence.

Rose au regard saphique, plus pâle que les lys, rose au regard saphique, offre-nous le parfum de ton illusoire virginité, fleur hypocrite, fleur du silence.

Rose au front pourpre, colère des femmes dédaignées, rose au front pourpre, dis-nous le secret de ton orgueil, fleur hypocrite, fleur du silence.

Rose au front d'ivoire jaune, amante de toi-même, rose au front d'ivoire jaune, dis-nous le secret de tes nuits virginales, fleur hypocrite, fleur du silence.

Rose aux lèvres de sang, ô mangeuse de chair, rose aux lèvres de sang, si tu veux notre sang, qu'en ferions-nous ? bois-le, fleur hypocrite, fleur du silence.

Rose couleur de soufre, enfer des désirs vains, rose couleur de soufre, allume le bûcher où tu planes, âme et flamme, fleur hypocrite, fleur du silence.

Rose couleur de pêche, fruit velouté de fard, rose sournoise, rose couleur de pêche, empoisonne nos dents, fleur hypocrite, fleur du silence.

Rose couleur de chair, déesse de la bonne volonté, rose couleur de chair, fais-nous baiser la tristesse de ta peau fraîche et fade, fleur hypocrite, fleur du silence.

Rose vineuse, fleur des tonnelles et des caves, rose vineuse, les alcools fous gambadent dans ton haleine : souffle-nous l'horreur de l'amour, fleur hypocrite, fleur du silence.

Rose violette, ô modestie des fillettes perverses, rose violette, tes yeux sont plus grands que le reste, fleur hypocrite, fleur du silence.

Rose rose, pucelle au cœur désordonné, rose rose, robe de mousseline, entr'ouvre tes ailes fausses, ange, fleur hypocrite, fleur du silence.

Rose en papier de soie, simulacre adorable des grâces incréées, rose en papier de soie, n'es-tu pas la vraie rose, fleur hypocrite, fleur du silence ?

Rose couleur d'aurore, couleur du temps, couleur de rien, ô sourire du Sphinx, rose couleur d'aurore, sourire ouvert sur le néant, nous t'aimerons, car tu mens, fleur hypocrite, fleur du silence.

Rose hortensia, ô banales délices des âmes distinguées, rose néo-chrétienne, ô rose hortensia, tu nous dégoûtes de Jésus, fleur hypocrite, fleur du silence.

Rose rose de Chine, si douce et si fanée, miraculeux amour des femmes remontantes, rose rose de Chine, tes épines sont mouchetées et tes griffes sont rentrées, ô patte de velours, fleur hypocrite, fleur du silence.

Rose blonde, léger manteau de chrôme sur des épaules frêles, ô rose blonde, femelle plus forte que les mâles, fleur hypocrite, fleur du silence !

Rose couleur d'orange, ô fabuleuse Vénitienne, ô patricienne, ô dogaresse, rose couleur d'orange, la gueule du tigre dort sous les lampas de ton feuillage, fleur hypocrite, fleur du silence.

Rose abricotine, ton amour chauffe à petit feu, ô rose abricotine, et ton cœur est pareil aux bassines où mijotent les charlottes, fleur hypocrite, fleur du silence.

Rose en forme de coupe, vase rouge où mordent les dents quand la bouche y vient boire, rose en forme de coupe, nos morsures te font sourire et nos baisers te font pleurer, fleur hypocrite, fleur du silence.

Rose toute blanche, innocente et couleur de lait, rose toute blanche, tant de candeur nous épouvante, fleur hypocrite, fleur du silence.

Rose couleur de paille, diamant jaune parmi les crudités du prisme, rose couleur de paille, on t'a vue, cœur à cœur derrière un éventail, respirer le parfum des barbes, fleur hypocrite, fleur du silence.

Rose couleur de blé, gerbe lourde à la ceinture lâche, rose couleur de blé, tu voudrais bien être moulue et tu voudrais être pétrie, fleur hypocrite, fleur du silence.

Rose lilas, cœur douteux, rose lilas , une ondée t'a rouillée, mais tu n'en vendras que plus cher ta chair oxydée, fleur hypocrite, fleur du silence.

Rose cramoisie, ô somptueux couchers des soleils de l'automne, ô rose cramoisie, tu te couches et tu t'offres, offrande impériale, aux impubères convoitises, fleur hypocrite, fleur du silence.

Rose marbrée, rose et rouge, fondante et mûre, rose marbrée, tu montres encore volontiers le revers de tes pétales, dans la plus stricte intimité, fleur hypocrite, fleur du silence.

Rose couleur de bronze, pâte cuite au soleil, rose couleur de bronze, les plus durs javelots s'émoussent sur ta peau, fleur hypocrite, fleur du silence.

Rose couleur de feu, creuset spécial pour les chairs réfractaires, rose couleur de feu, ô providence des ligueurs en enfance, fleur hypocrite, fleur du silence.

Rose incarnate, rose stupide et pleine de santé, rose incarnate, tu nous abreuves et tu nous leurres d'un vin très rouge et très bénin, fleur hypocrite, fleur du silence.

Rose en velours glacé, dignité rose et jaune, grâces présidentielles, rose en velours glacé, corsage des néo-princesses, pourpoint du bon Tartuffe, fleur hypocrite, fleur du silence.

Rose en satin cerise, munificence exquise des lèvres triomphales, rose en satin cerise, ta bouche enluminée a posé sur nos chairs le sceau de pourpre de son mirage, fleur hypocrite, fleur du silence.

Rose au cœur virginal, ô louche et rose adolescence qui n'a pas encore parlé, rose au cœur virginal, tu n'as rien à nous dire, fleur hypocrite, fleur du silence.

Rose groseille, honte et rougeur des péchés ridicules, rose groseille, on a trop chiffonné ta robe, fleur hypocrite, fleur du silence.

Rose couleur du soir, demi-morte d'ennui, fumée crépusculaire, rose couleur du soir, tu meurs d'amour en baisant tes mains lasses, fleur hypocrite, fleur du silence.

Rose bleue, rose iridine, monstre couleur des yeux de la Chimère, rose bleue, lève un peu tes paupières : as-tu peur qu'on te regarde, les yeux dans les yeux, Chimère, fleur hypocrite, fleur du silence ?

Rose verte, rose couleur de mer, ô nombril des sirènes, rose verte, gemme ondoyante et fabuleuse, tu n'es plus que de l'eau dès qu'un doigt t'a touchée, fleur hypocrite, fleur du silence.

Rose escarboucle, rose fleurie au front noir du dragon, rose escarboucle, tu n'es plus qu'une boucle de ceinture, fleur hypocrite, fleur du silence.

Rose couleur de vermillon, bergère énamourée couchée dans les sillons, rose couleur de vermillon, le berger te respire et le bouc t'a broutée, fleur hypocrite, fleur du silence.

Rose des tombes, fraîcheur émanée des charognes, rose des tombes, toute mignonne et rose, adorable parfum des fines pourritures, tu fais semblant de vivre, fleur hypocrite, fleur du silence.

Rose brune, couleur des mornes acajous, rose brune, plaisirs permis, sagesse, prudence et prévoyance, tu nous regardes avec des yeux rogues, fleur hypocrite, fleur du silence.

Rose ponceau, ruban des fillettes modèles, rose ponceau, gloire des petites poupées, es-tu niaise ou sournoise, joujou des petits frères, fleur hypocrite, fleur du silence?

Rose rouge et noire, rose insolente et secrète, rose rouge et noire, ton insolence et ton rouge ont pâli parmi les compromis qu'invente la vertu, fleur hypocrite, fleur du silence.

Rose muguette, liseron qui s'enroule autour des lauriers-roses dans les jardins d'Académos, et qui fleurit aussi dans les Champs-Elysées, rose muguette, tu n'as plus ni parfum, ni beauté, éphèbe sans esprit, fleur hypocrite, fleur du silence.

Rose pavot, fleur d'officine, torpeur des philtres charlatans, rose rosâtre au casque des faux mages, rose pavot, la main de quelques sots tremble sur ton jabot, fleur hypocrite, fleur du silence.

Rose ardoise, grisaille des vertus vaporeuses, rose ardoise, tu grimpes et tu fleuris autour des vieux bancs solitaires, rose du soir, fleur hypocrite, fleur du silence.

Rose pivoine, modeste vanité des jardins plantureux, rose pivoine, le vent n'a retroussé tes feuilles que par hasard, et tu n'en fus pas mécontente, fleur hypocrite, fleur du silence.

Rose neigeuse, couleur de la neige et des plumes du cygne, rose neigeuse, tu sais que la neige est fragile et tu n'ouvres tes plumes de cygne qu'aux plus insignes, fleur hypocrite, fleur du silence.

Rose hyaline, couleur des sources claires jaillies d'entre les herbes, rose hyaline, Hylas est mort d'avoir aimé tes yeux, fleur hypocrite, fleur du silence.

Rose topaze, princesse des légendes abolies, rose topaze, ton château-fort est un hôtel au mois, ton donjon marche à l'heure et tes mains blanches ont des gestes équivoques, fleur hypocrite, fleur du silence.

Rose rubis, princesse indienne en palanquin, rose rubis, sœur d'Akédysséril, ô sœur dégénérée, ton sang n'est plus qu'à fleur de peau, fleur hypocrite, fleur du silence.

Rose amarante, princesse de la Fronde et reine des Précieuses, rose amarante, amante des beaux vers, on lit des impromptus d'amour sur les tentures de ton alcôve, fleur hypocrite, fleur du silence.

Rose opale, ô sultane endormie dans l'odeur du harem, rose opale, langueur des constantes caresses, ton cœur connaît la paix profonde des vices satisfaits, fleur hypocrite, fleur du silence.

Rose améthyste, étoile matinale, tendresse épiscopale, rose améthyste, tu dors sur des poitrines dévotes et douillettes, gemme offerte à Marie, ô gemme sacristine, fleur hypocrite, fleur du silence.

Rose cardinale, rose couleur du sang de l'Eglise romaine, rose cardinale, tu fais rêver les grands yeux des mignons et plus d'un t'épingla au nœud de sa jarretière, fleur hypocrite, fleur du silence.

Rose papale, rose arrosée des mains qui bénissent le monde, rose papale, ton cœur d'or est en cuivre, et les larmes qui perlent sur ta vaine corolle, ce sont les pleurs du Christ, fleur hypocrite, fleur du silence.

Fleur hypocrite,
Fleur du silence.

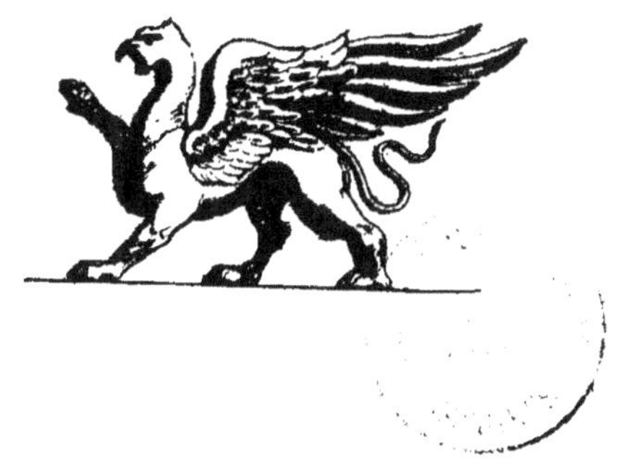

Achevé d'imprimer

Le vingt-cinq avril mil huit cent quatre-vingt douze

PAR A. DAVY

52, rue Madame

Pour le « MERCVRE DE FRANCE »

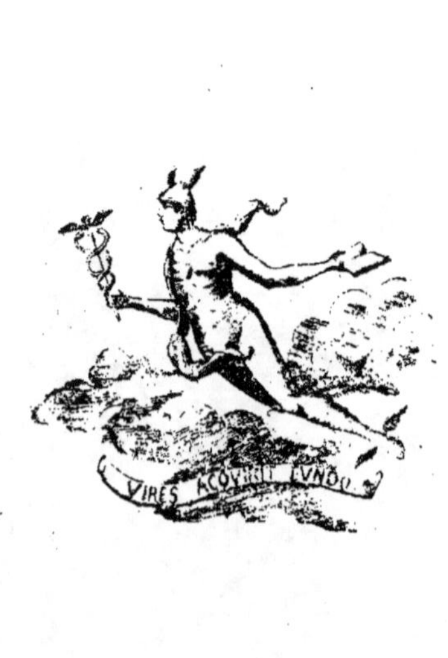
VIRES

www.ingramcontent.com/pod-product-compliance
Lightning Source LLC
LaVergne TN
LVHW021638170726
843501LV00007B/2298
* 9 7 8 2 3 2 9 6 6 9 9 5 3 *